MIXTE
Papier issu de sources responsables
Paper from responsible sources
FSC® C105338

Kung Fu Panda 1
La puissance du « Croire »

Du même auteur

- Témoins de lumière - Des aventures ordinaires
- Recueil de l'Être
- Cœur de Framboise à la frantonienne

Suite romanesque : Le livre sacré

- Kumpiy - Le livre sacré - Tome 1 - L'œil et le cobra
- Kumpiy - Le livre sacré - Tome 2 - La confrérie du cobra
- Kumpiy - Le livre sacré - Tome 3 - Tara la guérisseuse

La Collection « de l'œil à l'Être »

- « Kung Fu Panda 2» - La voie de la paix intérieure
- « Equilibrium » – Une vie sans émotions
- « La Belle Verte » - Retrouver sa nature
- « Inception » - Rêve, sommeil et manipulation
- « V pour Vendetta » - Vi Veri Veniversum Vivus Vici
- « La jeune fille de l'eau » - Notre vie a un sens
- « Les fils de l'homme » - L'espoir au corps

En savoir plus :
http://www.les-bouquins-d-ygrec.com

Dans la collection

« De l'œil à l'Être »

Kung Fu Panda 1
La puissance du « Croire »

Ygrec

© 2015
Auteur : Ygrec
Photo de couverture : Y. Chhun
Production et éditeur : Édition : Books on Demand, 12/14 rond-point des Champs-Elysées, 75008 Paris, France.
Imprimé par Books on Demand GmbH, Norderstedt, Allemagne. »

Deuxième édition

ISBN : 9782322013623
« Le Code de la propriété intellectuelle interdit les copies ou reproductions destinées à une utilisation collective. Toute représentation ou reproduction intégrale ou partielle faite par quelque procédé que ce soit, sans le consentement de l'auteur ou de ses ayants cause, est illicite et constitue une contrefaçon, aux termes des articles L.335-2 et suivants du Code de la propriété intellectuelle. »

« Tu as seulement besoin de croire »

LA COLLECTION
« DE L'ŒIL A L'ÊTRE »

Lors de mes conversations avec mes lecteurs, mes patients, mes élèves, lorsque je réponds à leurs questions, oralement ou par écrit, j'ai l'habitude d'illustrer mes propos d'exemples de la vie courante. Je leur propose aussi la lecture de livres. Je leur conseille de regarder certains films. Je leur recommande surtout de lire ou de voir autrement.

Ils sont nombreux ceux qui me demandent, ou qui m'ont demandé, de publier des analyses, sur ce que je présente comme des références, lors de cet apprentissage difficile qui est celui qui mène à soi-même !

La collection « De l'œil à l'Être » devrait répondre aux attentes de certains, et je l'espère, de beaucoup.

Aucun des ouvrages ne constitue une analyse complète. Il s'agit d'apprendre à voir autre chose, de chercher un sens différent à ce qui nous entoure. Rappelons-nous que rien n'est caché, mais que, le plus souvent, c'est nous qui ne voyons rien.

Il est bien évident que ce que j'écris n'engage que moi, et non les auteurs, scénaristes, dessinateurs, producteurs, acteurs, etc. de ces œuvres, qui ont exprimé ce qu'ils souhaitaient exprimer, et nous sommes libres d'apprécier ou pas, de comprendre ou pas, et même, de comprendre différemment. Je n'essaie pas de faire dire ce qui n'a pas voulu être dit, mais je tente simplement de faire passer un ressenti, le mien.

Le texte n'énonce pas des vérités, il a valeur de proposition pour illustrer les nombreuses notions et concepts de la voie spirituelle.

Même si tout n'est pas dit, même si tout n'a pas été saisi, ces auteurs, scénaristes, dessinateurs, producteurs, acteurs, etc....ont su éveiller la curiosité et l'intérêt, et de cela, je les remercie. Ils doivent savoir que je m'efforce de me conformer à la loi en matière de droits d'auteur, et ne publie aucune photo, aucun texte en intégralité (je me permets toutefois certaines citations courtes), je n'organise aucune projection. Je continue, comme je l'ai toujours fait, de conseiller un livre, un film, etc, dont certaines parties sont, pour moi, de bons exemples à donner, complétant à merveille ceux de mon vécu personnel.

Si quelque chose m'avait échappé, compte tenu de la complexité législative, je leur serais reconnaissante de m'en prévenir et de m'en excuser.

Il ne sera pas inutile de préciser, à l'intention de mes lecteurs, que je n'ai de contrat avec aucun auteur, éditeur ou producteur, etc. J'écris ce que je pense, et cela, toujours dans le même but : aider les autres, et par voie de conséquence, m'aider moi-même.

Chacun des ouvrages de la collection « De l'œil à l'Être » traite d'une œuvre (film, pièce de théâtre, livres etc.). Les titres, les auteurs, les éditeurs, les distributions (lorsqu'il s'agit de cinéma), enfin tout ce qui est nécessaire à une identification exacte sans confusion possible, sont clairement énoncés. Tous les livres de la collection comportent une étude rapide des personnages et de certaines séquences. Ils abordent des sujets ayant un rapport direct avec l'œuvre mais aussi d'autres, dont la suggestion m'a paru intéressante. Nous chercherons ainsi à saisir les situations présentées, à trouver les effets et les causes, pour en tirer un enseignement, pour essayer de nous comprendre et de comprendre les autres. Les sujets généraux seront, à dessein, partiellement traités, et selon l'optique de l'œuvre. Ils trouveront leurs compléments dans un ou d'autres livres. Il est inutile d'aller trop vite.

D'un ouvrage à l'autre, nous retrouverons parfois, à l'identique, les introductions à certains paragraphes. C'est qu'il s'agira d'appréhender le sujet avec les mêmes techniques. D'autres fois, tout sera différent.

La collection « De l'œil à l'Être » existe, non pour imposer un point de vue, encore moins pour extraire des messages que l'auteur a souhaité transmettre (lui seul peut en parler) mais pour proposer des pistes de réflexion, libre à chacun de voir autre chose ou de ne rien voir du tout.

Amis lecteurs ouvrons grands les yeux de l'intérieur et prenons les chemins de l'Être.

INTRODUCTION

Cet ouvrage sera consacré à : Kung Fu Panda.

Je souris déjà en imaginant la perplexité de mes lecteurs. Je devine leurs regards interrogateurs.

« Ce n'est pas très sérieux » penseront-ils.

Pourquoi faudrait-il toujours être sérieux pour apprendre, pour comprendre, pour analyser. L'humour est un bon moyen de faire passer des messages, et il n'a jamais empêché personne de se poser les bonnes questions.

C'est un film d'animation, certes, destiné aux enfants, il est vrai. Pourtant, en sortant de la salle de cinéma, j'ai vu autant d'adultes heureux que de petits. Un film qui réunit tant de gens m'intéresse. Quant à moi je me suis régalée. Un vrai moment de détente et cependant beaucoup de choses à comprendre. Des couleurs superbes, des scènes époustouflantes, et du rire ….du début à la fin.

Une fiche technique présentera d'abord le film puis nous passerons à l'étude proprement dite.

Pour profiter pleinement de ce livre, il est évidemment indispensable d'avoir vu le film au préalable. Si ce n'est pas le cas, il n'y a plus qu'à le refermer. Non seulement il est utile de connaître l'histoire du début à la fin avant de continuer, mais la lecture prématurée de cet ouvrage vous ferait peut-être oublier le spectacle, et ce serait dommage. Car n'oublions pas qu'il s'agit d'abord d'un spectacle à apprécier pleinement en tant que tel. Cependant, et pour tous ceux qui ne pensent pas pouvoir regarder ce film dans l'immédiat, je les invite à lire les chapitres « Comprendre » et « À l'écoute des autres » pour lesquels ils ne devraient pas se sentir perdus. Il est intéressant de regarder une deuxième fois chacun des films étudiés dans la collection, en notant ce qui paraît remarquable, en essayant de cerner les personnages et en repérant les séquences à étudier. Mais, pour cette deuxième projection, chacun fera, après tout, comme il l'entend, comme il le sent. L'important est de se sentir à l'aise en pratiquant ces exercices qui ne doivent pas devenir une torture pour l'esprit, mais un jeu.

SYNOPSIS ET FICHE TECHNIQUE

Synopsis

Le calme règne dans la vallée, mais Oogway, le Maître de Kung-fu, annonce le retour du maléfique Tai Lung, un des anciens élèves de son ami Maître Shifu. La nomination du seul être qui puisse le contrer, le « Guerrier Dragon », s'avère indispensable.

C'est alors que Po, le panda maladroit et gourmand est désigné ....

Fiche technique
(Sources : wikipédia et site officiel)

- Titre français et original : *Kung Fu Panda*
- Réalisation : Mark Osborne et John Stevenson
- Scénario : Jonathan Aibel et Glenn Berger
- Décors : Raymond Zibach
- Photographie : Yong Duk Jhun
- Montage : C.K. Horness
- Musique : Hans Zimmer, John Powell

- Casting : Ayman Belhoussein
- Production : Melissa Cobb
- Société de production : DreamWorks Animation
- Société de distribution : Paramount Pictures
- Format : Couleur - 1,44 : 1 - Son Dolby Digital
- Pays d'origine : États-Unis
- Langue originale : Anglais
- Genre : Film d'animation
- Durée : 90 minutes
- Budget : 130 millions de dollars

Dates de sortie

- États-Unis : 6 juin 2008
- France : 9 juillet 2008

Dates de sortie DVD

- France : 9 février 2009

Box-office

En France : 3 275 083 entrées

Distribution

Voix anglaises

- Jack Black : Po
- Dustin Hoffman : Shifu
- Angelina Jolie : Tigresse
- Jackie Chan : Singe
- Seth Rogen : Mante
- Lucy Liu : Vipère
- David Cross : Grue
- Randall Duk Kim : Oogway
- Michael Clarke Duncan : Cmdt. Rhino
- James Hong : M. Ping, Le père de Po
- Dan Fogler : Zeng
- Ian McShane : Tai Lung

Voix françaises

- Manu Payet : Po
- Pierre Arditi : Shifu
- Marie Gillain : Tigresse
- William Coryn : Singe
- Xavier Fagnon : Mante
- Mylène Jampanoï : Vipère
- Tomer Sisley : Grue
- Pierre Bonzans : Oogway
- Philippe Dumond : Cmdt. Rhino
- Michel Tureau : M. Ping, Le père de Po
- Pascal Sellem : Zeng
- Marc Lavoine : Tai Lung

LES PERSONNAGES

Les personnages de ce film sont des animaux. Leur morphologie générale et leurs caractéristiques singulières sont respectées. Ceci est particulièrement vrai pour les cinq cyclones dans leurs styles de combat. Les caractères de tous les personnages, leurs émotions ressortent de façon extraordinairement efficace dans leurs attitudes et l'expression de leurs physionomies. On en oublierait presque qu'il s'agit d'une animation.

Premier aperçu

Po, personnage principal, est un panda ventripotent et maladroit. Fan de kung-fu, il collectionne les figurines de ces héros préférés dont il connaît tout. Leur histoire et celle du kung-fu alimentent ses songes, mais Po se nourrit de nouilles et de brioches. Le kung-fu ne reste qu'un rêve perché au sommet de la montagne.

Comment pourrait-il échapper à l'avenir tout tracé que lui réserve son père, Mr Ping, patron du restaurant du village, qui est une oie heureuse de pouvoir transmettre son savoir.

Mais tout va bientôt changer. Oogway, le grand Maître du Kung-fu, le sage d'entre les sages, doit désigner le « guerrier dragon », seul être à pouvoir vaincre Tai lung, l'élève renégat de Maître Shifu. Shifu est l'entraineur incontesté des meilleurs guerriers, un Maître exigeant, précis et concentré.

Tai Lung, le léopard des neiges, est puissant, brutal, rapide, agile, et animé d'une haine féroce.

C'est par « accident » que Po atterrit au milieu de ses héros favoris, les cinq cyclones.

Maître Tigresse audacieuse, courageuse, travailleuse, allie puissance et force dans un style élégant et acrobatique. Maitresse d'elle-même, elle est rapide, directe, agile, retrouvant finalement la position, proche du sol, des tigres.

Maître Singe, enjoué et décontracté, aime rire. Il manie le bâton avec habileté et se sert de ses quatre membres et de sa queue. Avec son style acrobatique et joueur, il reste imprévisible.

Maître Mante est petit mais fort. Rapide et téméraire, précis dans ses actions, son style est réactif et sa petite taille le rend invisible. Ses pattes arrière puissantes et ses pattes avant de prédateur sont des armes redoutables.

Maître Vipère allie charme, force et précision. Son style souple et fluide, élastique et sinueux la rend insaisissable.

Maître Grue est diplomate. Son style est gracieux, fluide, équilibré et aérien. Il n'utilise pas son bec, mais l'envergure de ses ailes est un atout de taille dans le combat.

Bien que ne figurant que parmi les personnages secondaires, Zeng, l'oie messagère, et Vachir, le rhinocéros gardien de la forteresse dont Tai Lung est prisonnier, ont leur importance, car ce sont eux qui vont involontairement permettre l'évasion du redoutable guerrier.

Les personnages les uns avec les autres

Personne ne croit en Po, pas même lui-même. Parmi les cinq cyclones aucun ne pense que Po est le « guerrier dragon ». Dès leur rencontre, ils se moquent de lui mais ils sont victimes de leur déception, car l'un d'eux devait être désigné.
Comment pourraient-ils croire, en effet, en ce panda maladroit et lourd, face à un ennemi puissant et redoutable. Comment imaginer qu'ils puissent être remplacés, eux qui s'entraînent depuis l'enfance, par un vendeur de nouilles qui ne connaît, du kung-fu, que les histoires et légendes.

Maître Singe est pourtant amusé par ce nouveau compagnon. Maître Vipère, Maître Grue et Maître Mante sont compatissants devant cet apprenti obstiné. Maître Mante est sans doute le plus sage en ne se donnant pas le droit de juger sur l'apparence, lui qui, si petit, est capable de vaincre les plus forts.

Maître Tigresse, elle, ne se contente pas de ne pas croire en Po, elle le rejette parfois durement. Elle le méprise. Il est vrai que c'est vers elle que le sage Oogway pointait le doigt lorsque Po a atterri devant elle. Il lui a volé la place en quelque sorte. Elle est sérieuse et intraitable et veut sauver la situation à tout prix. Mais il y a autre chose. Elle a une grande admiration pour son Maître. Elle sait que ses compétences sont reconnues, mais il lui manque l'affection dont a pu bénéficier Tai Lung autrefois. Elle veut être le « guerrier dragon », mais elle veut l'être aussi dans le cœur meurtri de son Maître. Elle voudrait sauver Maître Shifu de sa tristesse et ne se donne le droit de rire de rien. Devenir le « guerrier dragon » a un sens plus profond pour elle, que pour ses compagnons.

Shifu n'a pas la sagesse de son Maître et ami Oogway, auquel il témoigne une confiance absolue. Il sait, au fond de son être, qu'il lui manque cette sagesse aujourd'hui, comme elle lui a manqué autrefois. Mais l'impatience accompagne cette confiance.

C'est la peur d'abord, mais cette impatience aussi, qui va lui faire décider d'envoyer Zeng doubler la garde du prisonnier. C'est cette visite à Vachir, blessé dans son orgueil, qui va provoquer l'inéluctable : l'évasion. Car un petit rien suffit pour déclencher le pire : une plume par exemple.

Shifu forme ses élèves et les forme parfaitement. Il est le meilleur. Pourtant une blessure demeure en lui.
Et comme nous réitérons les erreurs que nous n'avons pas comprises, Shifu est confronté à un nouveau refus d'Oogway. Oogway ne choisit pas un des candidats que Shifu lui présente, comme il avait refusé Tai lung. Il sait qu'aucun ne peut vaincre Tai Lung. Et Shifu le sait aussi. Oogway désigne celui qui a tout à apprendre.

Shifu a tout enseigné à Tai Lung, le renégat, en s'y attachant comme à un fils, en lui faisant porter ses propres espérances, sans voir qu'il gonflait l'orgueil de son élève, proportionnellement à la montée de sa puissance.

Shifu est triste d'avoir perdu un fils, d'avoir nourri de faux espoirs, et surtout d'avoir failli. Le problème est alors qu'il pense avoir failli en perdant le contrôle de la situation, alors qu'il n'a pas su VOIR en lui-même. Il entre ainsi dans l'excès, et croit devoir décider de tout. Mais, entre ne rien contrôler, et tout contrôler, il y a un juste milieu, un équilibre à trouver. Tout est dans la scène, où, sous le pêcher sacré, Maître Oogway lui demande de se libérer de l'illusion de contrôle.

Oogway, le sage, lui laisse les messages qui seront nécessaires à son évolution, à sa libération. Il sait qu'il doit partir afin que chacun, ne pouvant compter que sur lui-même, puisse trouver sa voie.
Il touche aussi Po et le guide doucement en prononçant les mots qui sauront l'aider à accomplir sa destinée.

Po a été comparé, dans la critique du film, à un adolescent mal dans sa peau. En effet, on le pourrait, mais nous pourrons aussi nous reconnaître dans ce personnage, lorsque nous hésitons à « réussir », lorsque nous ne savons pas dire non, lorsque nous nous maintenons dans ce que nous connaissons et ne prenons pas de risques, lorsque nous ne nous faisons pas confiance, lorsque nous ne savons plus croire, lorsque nous nous conformons à l'image que les autres ont de nous, lorsque nous acceptons de réaliser les rêves que les autres ont pour nous. Nos remises en question ne s'arrêtent pas à l'adolescence, heureusement.

Mais en effet, Po est aussi lourdaud et maladroit qu'un adolescent dont le corps grandissant trop vite ne se remplit que de projets sans modes d'emploi. La question : « comment » est souvent posée.

Même si l'adolescence est une période de rejet du connu, même s'il nous arrive de vivre des périodes de révolte un peu plus tard dans nos vies, il n'est pas facile d'effacer de nos cerveaux dociles ce qui y est imprimé depuis toujours.
Po n'ose pas contrarier son père, et il ne le peut pas non plus, tant il se demande si Mr Ping n'a pas raison. Il n'a pas d'autre modèle que Père oie qui ne rêve, pour sa part, que de voir Po prendre sa suite au restaurant de nouilles. Mr Ping est un bon père mais ne comprendrait pas qu'il en soit autrement. Il n'imagine rien d'autre. Il accomplit sa destinée qui est de tenir le restaurant familial et l'impose à son fils comme on le lui a imposé. Il pense sincèrement choisir le bien, mais il choisit…. pour un autre.

Po, lui, rêve de Kung-fu mais il ne sait pas ce que c'est vraiment. Quand il se réveille, il voudrait être celui qui n'existe que dans sa tête, sans comprendre qu'il peut y parvenir, car il n'a pas de réponse au « comment ». Il voudrait être ailleurs mais il ne sait pas où.

Le conflit entre la réalité et le rêve laisse un vide, un gouffre même, que l'on pourrait nommer contrariété, mal être, malaise. Tout ceci créant un autre gouffre ….celui de l'estomac.

C'est alors que Maître Shifu va comprendre que cet estomac est une extraordinaire motivation pour Po qui n'arrive à rien quand il essaie de pratiquer le kung-fu.

Po affrontera Tai Lung qui a déjà vaincu les cinq cyclones. Il combattra un Tai Lung plus fort que jamais, poussé par l'esprit de vengeance et de haine, meurtri par les années d'emprisonnement, blessé par le refus du sage Oogway de le déclarer digne de devenir le « guerrier dragon ».
 Le pouvoir absolu n'est donné qu'à un esprit pur, la maîtrise du corps ne suffit pas.

Comment Tai Lung pourrait-il comprendre qu'on lui refuse ce pourquoi il s'entraîne depuis longtemps et dans la souffrance. Il n'a connu que la fierté de son père adoptif devenu son Maître, devant ses exploits sportifs ; un Maître qu'il aurait voulu voir prendre sa défense et s'opposer à Oogway ; Un Maître qui n'a pas su voir grandir, en Tai Lung, l'orgueil et la soif de pouvoir qui rendent destructeur.

Et Po gagnera ! Mais comment ? Encore cette question.
Bien évidemment il faut que Po croie en lui, qu'il croie être le « guerrier dragon », et qu'il se le répète même. Sans cela rien n'est possible.
Les leçons de son Maître sont utiles évidemment, et même nécessaires.
Il n'est quand même pas assez fort pour battre un adversaire aussi redoutable.

La solution est de faire croire à l'adversaire que la légende dit vrai, et que la possession du manuscrit du dragon donne le pouvoir absolu. Peut-être le donne-t-il en vérité lorsqu'on a compris le message ! Évidemment, Po utilise l'artifice. Tai Lung, qui lui non plus, ne peut pas croire en l'incarnation du « guerrier dragon » dans ce panda, ne voit plus alors que le manuscrit. Il en oublie l'adversaire, il ne repère plus alors la faiblesse de son ennemi comme il sait si bien le faire. Il devient une force brutale et sauvage, obnubilé par le pouvoir, alors que Po prend peu à peu de l'assurance en prenant conscience de lui-même, en prenant conscience de la puissance du « croire ». Po passe alors allègrement des méthodes peu académiques aux techniques étudiées de combat. Car enfin, écraser les pieds de son adversaire, ou lui faire mordre sa queue, par exemple, cela n'est pas très « kung-fuique » dirait Po.
Mais ….efficace !!

Les personnages comparés

Mr Ping et Maître Shifu / Po et Tai Lung

Voici deux pères (Maître Shifu et Mr Ping) qui préparent leurs fils adoptifs respectifs à suivre leurs traces.

Tai Lung est consentant mais il rêve de grandeur et de force mais surtout de pouvoir absolu. Il reproche à son père d'avoir alimenté ses rêves. C'est pourtant lui seul qui a fait de ces rêves, la nourriture de son ego. La responsabilité n'est jamais d'un seul côté, elle est partagée.

Po est loin d'être consentant et s'ennuie dans le restaurant dont il devra prendre la suite. Pour lui la grandeur, la force et le pouvoir sont les images des songes de ses nuits ; des songes qui ne gonflent pas son ego mais son corps.

Pour l'un, le pouvoir est celui de régner sur les autres par la force.
Pour l'autre il s'agit de libérer et de régner sur les cœurs.

Les deux pères sont victimes de leur aveuglement. Chacun voit en son fils un autre lui-même qui le dépasserait. Ils aiment tous deux leurs fils mais d'un amour égoïste. Le véritable amour n'impose pas à l'autre ce qu'il doit être.

Shifu donne tout à Tai Lung sans se rendre compte qu'il lui donne la force de destruction. Il ne manque que le contenu du manuscrit du dragon qui offrira, à Tai Lung, la toute puissance.

Mr Ping cache le secret de la soupe à l'ingrédient secret et projette de le donner à Po quand il sera prêt.

Po obtiendra les deux secrets à la fois. C'est son père qui l'aidera à comprendre le message.

Maître Tigresse / Tai Lung

Tous deux sont formés par Maître Shifu. Tous deux souhaitent rendre leur Maître fier. Tous deux veulent devenir le « guerrier dragon ».

L'un essaie d'obtenir le titre par la force. Lorsqu'il lui échappe, il détruit tout ce qui lui barre la route. Il tente de dérober le manuscrit du dragon qui le consacrera et lui donnera la puissance absolue.
L'autre veut conquérir le titre en battant Tai Lung. Elle aussi utilise la force, mais contre la véritable menace.

Pourquoi Tai Lung est-il le vainqueur dans le combat contre les cinq cyclones ?
Tai Lung est plus fort que chacun d'eux, c'est évident, et leur Maître ne leur a pas tout appris, mais Tai Lung « croit » être le « guerrier dragon », un titre qui, selon lui, lui a été volé. Il va jusqu'au bout. Peu importent les moyens. Il croit rétablir la justice. Il sait aussi qu'aucun des cinq n'a été désigné par le sage Oogway. Cela leur ôte toute légitimité.

Tai Lung / Po

Tai Lung n'a pas été préparé à perdre. Po n'a pas été préparé à gagner. C'est la puissance du « croire » qui fera la différence. L'un croit en sa destinée, l'autre en décide.

LES SCÈNES

Au tout début du film, la scène du rêve de Po est très belle et amusante à la fois. N'oublions pas de la regarder avec attention, mais nous ne nous y arrêterons pas. Nous n'étudierons pas non plus celle de l'évasion de Tai Lung. Même si nous en connaissons l'issue dès le départ, elle n'en demeure pas moins superbe.

Maître Oogway demande à voir Shifu.(6 min environ du début) le passage contient plusieurs paroles de sagesse à méditer. Oogway annonce le prochain retour de Tai Lung. Shifu, affolé, donne des ordres pour redoubler de vigilance dans la garde du prisonnier. C'est cette visite même à la prison qui va permettre l'évasion du renégat. Comment ? Vachir, se sentant vexé va insister pour faire visiter la prison à Zeng. Effrayé, ce dernier perdra une plume qui servira de clé à Tai Lung. C'est Vachir qui informera Tai Lung des projets de Shifu, ce qui augmentera sa détermination et sa fureur. C'est ainsi que se vérifiera la parole de Oogway.
« *On rencontre souvent sa destinée sur le chemin qu'on prend pour l'éviter* »

Le départ à la fête.
Le film a commencé depuis moins de dix minutes et nous stoppons déjà pour essayer de deviner les sentiments de Po, lorsque, le choix du « guerrier dragon » étant annoncé pour le jour même, il suggère à tous les clients d'assister à la fête. Au moment de prendre, lui aussi, le chemin du palais de jade, il est arrêté par son père. Tout comme, quelques

minutes auparavant, il n'avait pas eu le courage de lui dire qu'il rêvait de kung-fu et non de nouilles, il n'ose dire qu'il veut, comme les autres, voir le spectacle. Il hésite encore une fois, et cette fois encore, il prononce les paroles que son père veut entendre. Il ne veut pas le décevoir. Il n'ose pas affronter son incompréhension car il sait déjà ce qu'il va entendre. Et ce qu'il va entendre, c'est aussi ce qui est imprimé dans son cerveau depuis toujours.

Si nous voulons bien regarder en nous-mêmes, nous pourrons sans doute retrouver, dans un passé proche ou lointain, dans notre présent, les mêmes attitudes dociles en apparence. Chaque jour nous impose des choix. Il est parfois difficile de les faire, surtout quand ces choix orienteront toute notre vie.

Je pense à vous, chers adolescents, à qui on demande de prendre une orientation, sous la pression nécessaire des parents, des éducateurs et professeurs, alors que vous êtes en plein questionnement sur vous-mêmes, sur la vie, sur le monde, sur l'école aussi. Chaque jour, en suivant les cours, vous vous demandez à quoi tout cela pourra vous servir.

Chaque fois que vous devez choisir une orientation, on vous parle d'un futur, un futur si lointain et si proche, pour vous qui ne comprenez pas vraiment votre présent. Comment décider selon des critères de réussite qui vous paraissent inaccessibles, et si peu en concordance avec ce que vous pensez être.

Et nous ? Pouvons-nous leur donner des leçons, nous qui baissons la tête si souvent ? N'avons-nous pas dit souvent oui en voulant dire non, ou parfois le contraire ? Dans ce monde, où il faut parfois être plus violent que nous le voudrions, n'avons-nous pas le droit de ne pas être des lutteurs ?

Tout ceci est illustré par la scène où ***Shifu demande à Po de lui montrer ce qu'il sait faire*** *(*22 minutes environ du début*)*. Un panda n'est pas un bagarreur et Po se contente de frimer pour donner le change.

Tout de suite après le départ à la fête, (10 mn du début) **notre panda s'évertue à monter les marches avec son chargement**. Nul ne perd de temps à l'aider. Quelqu'un lui propose même de lui ramener un souvenir.

Il en est ainsi de chacun de nous. Nous ne pouvons accomplir notre projet de vie sans avoir déposé la charge qu'on veut nous faire porter ou que l'on croit devoir porter. Si quelqu'un s'était arrêté pour tirer le chariot avec lui, il n'aurait pas été une aide mais un handicap car il aurait obligé Po à reporter les objectifs de sa destinée. C'est ainsi que, si l'on peut condamner l'égoïsme des autres, on peut aussi le remercier. C'est cet égoïsme qui nous pousse parfois à nous remettre en question. C'est aussi ainsi que nous avons parfois le sentiment d'avoir apporté notre aide, alors que, dans certains cas, nous avons retardé une évolution possible sur un autre plan.

Po est repoussé par les 5 cyclones qui ne savent que penser. Il se réfugie alors ***sous le pêcher de la sagesse divine*** (29 minutes) Maître Oogway le rejoint. Il ne lui dit pas de partir ou de rester. Il lui fait seulement comprendre pourquoi il ne trouve pas de réponse. Tirer parti du passé est une bonne chose mais y vivre est néfaste. Envisager le futur est souvent nécessaire. Cela nous permet d'avoir un but. Mais on ne réalise que les objectifs qu'on prépare dans le présent.

Maîtres Oogway et Shifu sous le pêcher de la sagesse divine. (42 minutes)
Oogway répète à Shifu qu'il n'y a pas d'accident.
De même le hasard n'existe pas. Mais il serait faux de penser que cette affirmation veuille dire que nous n'avons aucun pouvoir sur rien. Les choses sont claires dans le dialogue qui s'ensuit. Écoutez-le et réécoutez-le, l'exemple qui est donné est net et clair. Nous avons un pouvoir sur certaines choses, mais d'autres nous échappent. Il serait vain de penser que nous contrôlons tout. Ce serait une illusion.

La question : « comment » est posée. Comment faire de ce panda un « guerrier dragon ». Mais cette question n'a pas lieu d'être car non seulement elle émane du registre du « faire », mais elle part du constat que la chose est impossible.

Oogway demande alors à Shifu de « croire ». Son cheminement étant terminé, il peut disparaître. Même si le Maître a désigné son successeur, ce dernier ne prendra sa véritable place qu'une fois le premier parti.

Po mange avec ses amis (46 mn environ) Po prononce une phrase importante : *mon corps ne doit pas savoir qu'il est le « guerrier dragon »*.
Il exprime inconsciemment que tout doit être expérimenté.

Po s'enfuit en apprenant que Tai Lung revient (48 minutes). Quand Shifu le rattrape, Po le met devant son attitude cruelle et devant son propre questionnement : comment ?

Maître Shifu découvre enfin ce qui peut motiver Po : sa gourmandise. Il l'emmène au bassin des larmes sacrées.

La visite au bassin des larmes sacrées est nécessaire quand on pense à notre besoin bien humain de gestes symboliques, d'actes de consécration. Cette visite l'est à deux titres. L'une, pour Maître Shifu qui prend officiellement la suite de Oogway, et l'autre, pour Po qui devient réellement un élève. L'un et l'autre acceptent leur responsabilité qui se révèle dans la question : « veux-tu apprendre …. » et bien sûr la réponse, le « oui » accompagné de l'émotion liée au rite. Ce rite ne peut se concevoir ailleurs que dans un haut lieu symbolique chargé d'énergie.

Maître Shifu commence ***l'entraînement de Po***. Les scènes sont très drôles et d'un dynamisme étonnant. À savourer sans modération.

Po reçoit le manuscrit du dragon. (64 minutes environ)
Mais il ne contient aucun secret.

***Po retrouve son père** (*69 minutes) qui lui révèle qu'il n'y a pas d'ingrédient secret. Po ouvre à nouveau le manuscrit et voit ce qu'il devait y voir : son image. Il comprend alors quel est le message.

Il faut croire en soi, mais passer de, savoir qu'il faut croire, c'est-à-dire intellectualiser cette notion, à croire réellement, c'est-à-dire intégrer cette notion, n'est pas facile. Tout dépend de notre personnalité, du temps qu'il nous faut pour l'admettre, pour faire confiance. C'est tout cela qui détermine si nous sommes prêts ou pas.

La rencontre avec les villageois.
Cette scène referme la boucle. On retrouve l'allure du guerrier du rêve de Po mais les détails sont plus surprenants et remettent les choses à leur place. Il reçoit pourtant l'hommage des cinq cyclones et la bénédiction de son père. Le sauveur ne se prend pas au sérieux.

Dernière scène – Po et Maître Shifu
Bien que reconnu comme « guerrier dragon », Po n'en demeure pas moins lui-même. Un panda gourmand.

COMPRENDRE

Un film, un livre, une pièce de théâtre, une conversation, même seulement entendue au passage, une rencontre, même quand elle est brève, un papillon qui passe, un bourgeon sur un arbre, un oiseau qui se pose, tout peut nous permettre d'apprendre. Il s'agit d'ouvrir les yeux et de voir avec l'œil intérieur.

Ce chapitre a pour but de récapituler quelques éléments qui pourraient nous permettre de progresser dans notre recherche de nous-mêmes.

Évidemment, nous ne pouvons pas tout voir, ni tout expliquer, mais essayons de voir l'essentiel.

Il ne suffira pas seulement de repérer ce qui est important. Il ne suffira pas seulement de lire les messages, mais de les faire nôtres.

Cherchons en nous ce qui nous rapproche des personnages. Voyons où et quand leurs erreurs sont souvent les nôtres. Ne nous cachons pas que les situations présentées se rapprochent parfois de celles que nous avons vécues ou que nous vivons.

Soyons clairs avec nous-mêmes, sans condamnation ni indulgence, sans jugement.

C'est ainsi que nous progresserons. C'est ainsi que notre vécu deviendra expérience.

Il ne s'agit pas de considérer la projection d'un film, la lecture d'un livre, comme une expérience en tant que telle, mais de comprendre comment elle peut éclairer les actes incompris (totalement ou partiellement) de notre existence.

Rappelons-nous que notre cerveau ne classe, dans le tiroir « expérience acquise » que ce qui est vraiment intégré.

La peur

La peur est partout. Quand nous croyons être sereins, elle nous habite parfois. Sa présence est tellement habituelle, que nous ne nous rendons pas compte qu'elle est là.

Pourtant, elle nous protège souvent. Elle existe pour cela d'ailleurs. Elle doit cependant rester à sa place. C'est une amie envahissante qui prend quelquefois les rênes de nos vies. Elle prend des formes différentes. Chez certains elle est maladive. La faire régner donne le pouvoir.

C'est elle qui fait agir Shifu lorsqu'il envoie Zeng aux nouvelles. C'est cette décision qui va provoquer l'évasion de Tai Lung. La peur de l'événement attire l'événement.

C'est la peur qui trouble son esprit qui ne lui permet pas de trouver la solution.

C'est la peur de recommencer l'erreur qu'il a commise dans la formation de Tai Lung qui le pousse à vouloir tout contrôler.

C'est parce qu'il a peur de Shifu que Po casse le vase.

C'est parce qu'il a peur de décevoir son père qu'il ne lui dit rien.

C'est la peur du retour de Tai Lung qui le fait s'enfuir.

C'est la peur de la mauvaise opinion qu'on pourrait avoir de lui qui le rend ridicule.

C'est la peur de retourner à sa vie passée qui le fait affronter son ennemi.

C'est la peur de ne pas avoir à affronter Tai Lung qui fait partir Maître Tigresse …trop vite.

C'est la peur de ne pas posséder le manuscrit qui perd Tai Lung.

L'impatience

C'est la fierté qu'il a pour son fils adoptif qui aveuglera Shifu, mais aussi son impatience ; son impatience à former « le guerrier dragon».

Nous avons parlé de la peur de Tigresse mais elle accompagne l'impatience de rencontrer son adversaire.

Il n'y a pas d'accident

Et il n'y a pas de hasard. Les choses arrivent où et quand elles doivent arriver.

Mais il serait inexact de penser que tout est joué d'avance. Il n'y a que des effets et des causes qui brodent leur canevas sur la ligne de destinée.

Destinée ne veut pas dire avenir grandiose dans notre échelle humaine. Destinée veut dire : chemin minimum tracé pour l'accomplissement d'un projet de vie. Il nous reste alors à trouver *comment* réaliser ce projet de vie.

Nous avons la mauvaise habitude de juger en fonction de nous-mêmes et selon ce qui se voit, selon l'apparence.

Mais la fourmi qui passe devant nous accomplit aussi son destin et peut-être a-t-elle un avenir grandiose quand elle arrive à traverser la route.

L'employé du bout de la rue, dont on n'entendra jamais parler dans les médias, accomplit aussi sa destinée. Cette destinée est aussi importante, et parfois même plus importante, que celle de l'acteur célèbre, de l'homme politique en vue, du sportif sur le podium.

L'illusion de contrôle

Nous en avons déjà parlé. Nous essayons toujours de tout contrôler. C'est la peur qui nous fait agir ainsi.
Si nous voulons nous réaliser pleinement, nous devons agir mais aussi laisser agir. Nous devons émettre et recevoir. Nous ne pouvons décider de tout.
Tout contrôler nous donne l'illusion de la sécurité, l'illusion de la liberté, alors que nous sommes prisonniers de nous-mêmes.

Ainsi Shifu a formé les cinq cyclones pour que l'un d'eux soit le « guerrier dragon ». Quand Po est désigné, la situation lui échappe. Il s'acharne alors à reprendre les choses en main. Il met toute son énergie à décourager Po au lieu de le former.

Croire

La notion « croire » nous accompagne tout le long du film.

Po ne *croit* pas en lui-même, personne ne *croit* en Po, Personne ne *croit* qu'il est le « guerrier dragon ».
C'est parce qu'il *croit* en sa supériorité que Tai Lung est le meilleur et c'est quand il *croit* que le manuscrit donne du pouvoir à Po, qu'il perd en efficacité.

Le mot « croire » suppose d'arriver à une vérité en partant du doute, et c'est en cela que le mot est bien choisi. À partir de la croyance, on arrive à la foi. La foi exclut le doute et s'établit dans une confiance que l'on fait sienne, qui ne s'impose pas aux autres, qu'on ne s'impose pas. Elle s'est installée en nous ou pas. C'est pour cela que ceux qui ont vraiment la foi sont si sereins. Celui qui a la foi ne se demande pas s'il se trompe. Peu lui importe ! La confiance est, en lui, totalement intégrée. Elle l'habite, lui, et pas un autre, et tout cela, en conscience.

La foi est revendiquée par beaucoup et c'est en son nom que certains tuent. Mais ici, nous ne pouvons pas parler de foi. Chaque fois que quelqu'un veut imposer un dieu, un argument, une opinion, il prouve qu'il n'a pas réellement la foi, il est encore dans le travail sur la « croyance », il n'est même pas arrivé au « croire » définitif. En s'imposant aux autres, il essaie de se persuader lui-même, il tente de réduire à néant ce qui crée son doute. Contrairement aux apparences, il craint, sans le dire, sans même en être conscient, de ne pas avoir raison, il craint de se tromper.

Celui qui passe à la violence exprime sa peur, veut la provoquer chez les autres, cherche une récompense, même si cette récompense est versée dans un autre monde.

Celui qui a réellement la foi a déjà reçu sa récompense : il est en paix.

À L'ÉCOUTE DES AUTRES

Chacun de nous est, un jour ou l'autre, confronté au problème de devoir aider quelqu'un (ami, collègue, voisin, simple connaissance). Certains d'entre nous font partie d'associations et apportent leur soutien aux autres quotidiennement.

Après avoir conseillé la consultation d'un médecin ou d'un psychologue, vous pourrez vous rendre compte que cela convient, ou suffit, à certains, mais pas à d'autres. Ceux à qui cela ne convient pas ont surtout besoin d'écoute.

Cette rubrique a pour but de soulever certains problèmes que nous pouvons rencontrer dans nos relations à l'autre, qu'elles soient amicales ou professionnelles, bénévoles ou rémunérées. Les lignes qui suivent donnent des pistes que vous êtes libres de suivre ou pas. Ce ne sont que des pistes car vous devez faire confiance à votre intuition.

Vous vous retrouverez devant des cas identiques, mais aussi devant d'autres, ayant l'apparence de la similitude dans leurs effets, mais qui se révéleront profondément différents dans leurs causes. Le but étant de soigner les causes, les méthodes vont varier. Faites-vous confiance tout en ayant un œil sur votre ego.

L'ego est comme un enfant capricieux qui cherche à avoir le dernier mot. Il vous soufflera que vous connaissez déjà ce cas, que ce sera facile, et quelques fois même, que vous êtes le meilleur. Parfois aussi, il vous dira que vous ne trouverez jamais, et que vous êtes nul. Vous devez bien entendu, ne pas oublier ce que vous connaissez, mais tout doit être bien rangé dans un tiroir entrouvert, prêt à être ressorti.

Vous devez toujours considérer le cas que vous avez devant vous comme inédit. C'est ainsi que vous éviterez les erreurs d'appréciation. Vous devez savoir que vous ne savez rien, même si votre ego vous dit que vous savez tout.

Essayez de comprendre la personne que vous avez devant vous. Faites-le, pour elle, et à travers elle. Devenez empathique et vous trouverez ce qu'il faut dire, vous entendrez ce qui se cache derrière ses mots à elle, derrière ses silences, ses larmes et ses rires.

Souvenez-vous que cette personne est un autre vous-même. Si elle éprouve des émotions, vous en éprouvez aussi, et si vous sentez les siennes, elle sent aussi les vôtres.

Si vous essayez de guérir, de soigner, alors ce sera l'échec ou la semi-réussite. Guérir ou soigner vient toujours en second. C'est le résultat de votre empathie. Chaque fois que vous voulez guérir ou soigner pour faire le bien, vous êtes dans l'ego, car nul ne sait où sont le bien et le mal.

Quand vous êtes dans la compassion (je n'ai pas dit la pitié), vous laissez l'autre choisir sa voie, vous l'aidez à ouvrir, chez elle, le passage qui lie le corps et l'esprit.

Profitez de ce travail pour progresser vous-même. Quand le patient est parti, demandez-vous ce qu'il vous a donné, ce qu'il vous a appris de vous-même, ce qu'il vous a permis de comprendre et peut-être même ce qu'il a guéri en vous.

Quand le travail devient échange, il est doublement réussi.

Prendre conscience des peurs

C'est une des choses les plus difficiles à réaliser. C'est qu'au départ, la peur est une amie, elle est là pour nous protéger. Elle devient pourtant vite envahissante tout en se cachant derrière les plus beaux artifices.

Elle prend plusieurs formes. Dans le film : la peur de ne pas être à la hauteur, la peur de décevoir, la peur claire et nette de Po devant l'arrivée de Tai Lung.

Vous verrez qu'il n'est pas aisé de faire admettre la peur aux personnes qui viennent demander de l'aide. C'est tout simplement qu'elles n'en ont pas conscience.

Le mot peur a, pour ces personnes, un sens très restreint. Elles ne l'assimilent qu'au comportement réactif devant une menace palpable : dans le film, la fuite de Po. Cette peur est facilement repérable, elle est encore dans le conscient.

D'autres peurs sont faciles à voir pour un œil extérieur mais invisibles pour le patient, du fait même de cette signification restreinte. Ainsi, par exemple, le sujet s'enfermera à triple tour, mettra des barres aux fenêtres, installera des caméras et des alarmes mais vous dira qu'il n'a pas peur et rajoutera sereinement : « on ne sait jamais ». Le vol, l'agression est ici hypothétique mais prévue. Pour prévenir, il faut d'abord envisager. Il y a donc, à l'origine, la peur que cela arrive, même si elle n'est pas une peur panique. Il s'agit ici d'une peur consciente couverte d'un bel habit : la prudence.

Parmi les peurs inconscientes certaines sont plus évidentes que d'autres.

Dans le film, Po a peur de décevoir son père. Cette peur-là se mêle à la peur qu'il ait raison. Elle se double du doute. Si Po décidait de contrer son père, il faudrait alors qu'il s'affronte lui-même, il faudrait qu'il sache perdre, mais aussi gagner. Car réussir est parfois plus difficile à vivre que perdre. C'est surprenant n'est-ce pas ?
Perdre, c'est supporter le regard des autres et son propre regard mais c'est aussi retourner au connu en ayant essayé.
Réussir est une responsabilité, c'est assumer le nouveau, c'est s'engager vers l'inconnu. Réussir n'est qu'un pas, car il faut maintenir cette réussite et l'améliorer.

Ainsi quand vous verrez des personnes peu sûres d'elles, semblant timorées. Il ne faudra pas toujours en déduire qu'elles ne se lancent pas par peur de perdre. Ce sera parfois le contraire.

N'essayez pas de deviner dans quel cas chacune se trouve. C'est inutile et vous pouvez vous tromper.

Encouragez-les évidemment mais comment ?

Faites leur dire ce qu'il se passerait dans le cas d'un échec, et elles comprendront par elles-mêmes que, le plus souvent, l'enjeu n'est pas si vital que cela.

Faites leur exprimer ensuite les conséquences d'une réussite. Vous verrez alors se dégager au moins des doutes, quelques fois des appréhensions, parfois même des angoisses. C'est là que vous comprendrez le poids, plus ou moins lourd, que représente la réussite pour chacune d'elles. C'est aussi là que vous entrez en jeu pour les rassurer, pour faire ressortir les qualités qui leur permettront de sortir vainqueur de l'épreuve.

« Se lancer » est une porte qu'il faut passer, alors que les peurs inconscientes en cachent la poignée. Vous n'êtes pas là pour ouvrir la porte, mais pour les guider vers cette poignée.

Un panda gros et gras

Ce film nous donne l'occasion d'aborder le sujet du surpoids et de l'obésité. Nous ne pourrons pas parler de tout tant le problème est complexe.

Car, en effet, tout ne se résume pas à : l'obèse mange trop et ne bouge pas assez.
D'une part cela n'est pas toujours vrai, d'autre part, les gens corpulents connaissent tous des personnes qui ne prennent jamais un gramme et qui mangent n'importe quoi à n'importe quelle heure, consomment largement au moment des repas, ne font jamais trois pas sans prendre leur voiture, se donnent bonne conscience en allant à la salle de gym pour un temps de présence d'une heure par semaine où elles papotent autant avec les amis qu'elles ne pratiquent le rameur.
C'est évident nous ne sommes pas égaux devant la gourmandise.

Il est pourtant vrai que, dans la plupart des cas, l'obèse mange trop ou mange mal et ne bouge pas assez.

Les personnes qui veulent maigrir et qui viennent vous demander de l'aide ont souvent essayé plusieurs régimes sans résultat ou ont repris tous leurs kilos et même plus.

Il est bien sûr évident de leur conseiller la reprise d'un régime et de faire du sport, mais il faut aussi leur proposer un soutien psychologique. Pour elles, il est difficile d'obtenir quoi que ce soit sans y mettre le paquet.

Pour les personnes ne souhaitant pas être reçues par un psychologue, l'aide que vous pourrez apporter sera précieuse.

Questionnez-les et essayez de savoir si elles mangent trop ou pas. En effet, certaines personnes ne mangent pas assez justement, et l'organisme stocke pour prévoir les cas de disette. Elles ont pourtant parfois l'impression de manger normalement. D'autres patients vous diront qu'ils ne comprennent pas comment ils peuvent grossir car ils mangent peu. Mais si vous attendez un peu, vous apprendrez vite dans la conversation, que « leur » peu représente beaucoup trop. Les uns comblent un vide, les autres ont le trop-plein.

Il faudra alors essayer de faire prendre conscience des besoins réels de chacun.

Examinez la morphologie des patients. C'est souvent significatif (mais pas toujours).
Même si, par exemple, un homme ne grossit pas comme une femme, la façon dont ils ont grossi vous donne des indications supplémentaires. Ne tirez pas de conclusions hâtives pour autant. Sachez voir la particularité sans oublier l'ensemble.

Laissez-les ensuite exprimer leur mal-être. Vous découvrirez vite que certains se cachent, d'autres, au contraire, prennent leur place. Écoutez-les bien. Les mots qu'ils emploient ont leur importance. Là encore, ne vous y attachez pas. Ce n'est encore qu'une partie du puzzle. Ne vous attardez sur aucune phrase en particulier car elle pourrait vous faire passer à côté de celle qui aurait dû attirer toute votre attention.

Essayez ensuite de leur faire situer le moment où ils ont pris du poids pour la première fois, et remontez dans le temps le plus possible. Vous verrez qu'ils s'arrêteront à la plus grosse prise de poids (parce que c'est celle qui les gêne le plus), alors que parfois (mais pas toujours), l'origine du problème vient de plus loin. Pourtant à ce moment-là, la balance ne marquait que quelques kilos en plus.
Entre deux prises de poids, il n'y a pas forcement de liens, ce qui complique encore la tâche, mais rappelez-vous que les gens en surpoids sont entrés dans un cercle vicieux dont ils ne peuvent sortir.

La difficulté réside dans le fait de leur faire prendre conscience de l'origine du problème et s'attaquer en même temps à ce qui entretien leur mal-être.

L'important est de leur faire comprendre qu'ils sont mal à l'aise parce qu'ils sont trop gros, mais qu'à l'origine, c'est parce qu'ils n'étaient pas bien dans leur peau qu'ils ont grossi.

C'est une chose qu'ils ont du mal à admettre. C'est trop compliqué pour eux qui n'ont qu'un objectif : maigrir. Ils pensent qu'en maigrissant ils se réconcilieront avec eux-mêmes. Ils ne voient qu'une chose : ils auraient une meilleure image aux yeux des autres. Dans notre monde où l'apparence est tout, on peut le comprendre. Ils seraient plus à l'aise dans l'espace étudié pour les minces, ils ne subiraient plus les moqueries et les réactions de dégoût (comme Po, dans le film, les subit). Que leur dire ? Tout ceci est vrai.
Maigrir résoudrait une partie du problème, mais cette partie est tout pour eux.

Rappelez-vous que si nous arrivions, par un coup de baguette magique, à les faire fondre d'un coup, ils en mourraient ou ils développeraient une maladie grave. Leurs corps ont réagi à un malaise par la solution qui les a sauvés, mais ils ne s'en rendent pas compte. La prise de poids, la maladie est un mode d'expression pour le corps.

On me dira alors que certaines personnes font un régime, maigrissent, ne regrossissent pas et sont bien dans leur peau. Je leur répondrais que ces gens-là ont maigri sans problème majeur, parce que leur problème était déjà résolu. C'est parce qu'ils étaient en accord avec eux-mêmes que l'amaigrissement a été possible et pas le contraire. Ceux-là n'ont plus besoin de vous et c'est très bien.

Vous verrez aussi des personnes qui ont résolu leur problème de départ mais qui n'en maigrissent pas pour autant.

Votre travail consistera alors à supprimer les raccourcis que fait le cerveau, à faire comprendre que le corps n'est plus en danger, que maigrir est possible, même si la tâche est difficile. Nous retombons ici dans le « croire ».

L'exemple du film

Ainsi, dans le film, Po mange parce qu'il est contrarié, et il grossit. Mais il se trouve lui-même grâce au kung-fu. Quand Tai Lung lui dit : « Tu ne peux me vaincre, tu es un panda gros et gras », il peut lui répondre : « non ! Je suis LE panda gros et gras ». Il s'intègre ainsi dans la communauté des pandas, qui ne sont pas spécialement gros et gras. Il s'admet en tant qu'individu particulier ; particularité : gros et gras. Cependant maintenant qu'il sait qui il est, en mangeant moins et en bougeant, il redeviendra UN panda. Ce panda pourra devenir LE panda Maître en kung-fu sans effets secondaires, puisqu'en accord avec ce qu'il souhaite être.

Un autre exemple

C'est le cas d'une femme d'une cinquantaine d'années que nous nommerons, pour plus de commodité : Jeanne.

Jeanne a grossi mais particulièrement au niveau du ventre. Elle a fait un régime, a maigri, mais a gardé son ventre. Quand je lui demande ce qu'elle ressent, elle me répond qu'elle a l'impression d'être enceinte de trois mois. Elle situe la période où elle a grossi. L'événement marquant est son changement de travail. Elle ne voit pas autre chose.

Le fait de grossir du ventre pourrait plutôt orienter vers ses enfants. Aussi, sans lui révéler le fond de ma pensée, j'oriente la conversation sur sa famille. Elle me dit alors que ses enfants, (elle en a deux) ont maintenant un bon travail, mais cela n'a pas été facile au début.
Heureusement, elle venait de changer de travail. Elle gagnait plus et a pu les aider à s'installer. Nous progressons. En me disant cela, elle se rend compte d'un lien entre son nouveau travail et ses enfants. Mais nous ne voyons pas encore l'origine exacte du malaise même si nous approchons de la solution.

Je lui fais alors remarquer que, pour que cela se traduise de cette façon, il y a sans doute conflit. Jeanne me dit alors, qu'elle-même n'est pas en conflit avec ses enfants, mais qu'ils le sont entre eux, depuis cette période. Elle précise que ce n'est pas facile pour elle. Pour que la situation ne s'envenime pas, elle doit ignorer le premier quand elle est avec le second et inversement. Elle en souffre.
Là, nous tenons la solution. Il y a une Jeanne quand elle est seule, une Jeanne mère d'un des enfants, et une autre Jeanne, mère d'un autre enfant. Elle se sent enceinte de trois « MOI ». (Je rappelle qu'il s'agit ici d'un exemple, et

que d'autres pourraient prononcer les mêmes mots sans qu'on en tire les mêmes conclusions)

La chose étant comprise, Jeanne ne peut maigrir sans trouver un accord entre ces trois « moi ».

Elle doit admettre que quand elle est seule, elle est toujours mère de deux enfants, quand elle est avec l'un, elle est toujours mère de l'autre. Pour cela elle devra imposer et s'imposer son statut de mère des deux à la fois, pas en violence, mais comme la normalité.
Elle souffre du conflit existant et a peur d'être rejetée par l'un ou par l'autre. Mais en jouant leur jeu, elle ne fait que confirmer leur conflit qui devient légitime, puisqu'accepté par la mère.

Comment réagit le cerveau :

Souffrance → Protection/message = Prise de poids
Tant qu'il y aura conflit, le poids ne changera pas.

Comprendre le message :
Dans le cas de Jeanne :
1) Conflit des deux enfants → Souffrance → Prise de poids. (prise de conscience de la cause)
2) Expression de la souffrance → Possibilité de supprimer la souffrance par la compréhension du message du corps.
3) Je fais un régime + Je fais du sport + Je travaille sur ma souffrance → Amaigrissement.

De la même façon, la fièvre est un signal. Je fais descendre la fièvre + Je trouve la cause de la fièvre et je la combats → Je retrouve ma santé.

Passons à la SPI

Dans ces deux exemples nous avons les données psychologiques. Voyons maintenant l'aspect spirituel.
Po est le personnage d'un film, le héros, le sauveur.
Jeanne, c'est nous, tous les jours.

PSY :
- Po est mal dans sa peau, il n'est pas lui.
- Jeanne accepte mal le conflit entre ses enfants

SPI :
- Po n'accomplit pas sa destinée qui est celle d'incarner le « guerrier dragon », et tout le poussera vers elle, quels qu'en soient les chemins.
- Jeanne doit aussi accomplir sa destinée. Pourquoi Jeanne vit-elle ce conflit ? Qu'a-t-elle à comprendre de l'événement ? En quoi cet événement la conduit-elle vers l'accomplissement de sa destinée ?

CONCLUSION

Nous voici à la fin de notre petite étude. Il y aurait encore beaucoup à dire, mais nous avons déjà assez de sujets pour mettre notre cerveau en ébullition.

Nous nous retrouverons dans d'autres ouvrages pour compléter notre enrichissement intérieur.

Exercez-vous avec d'autres films. Ne tirez jamais de conclusions hâtives. Notez vos idées, ajoutez-y les images et situations qui pourraient donner des arguments contraires. Partez toujours du « je ne sais rien ».

Utilisez la puissance du « croire », mais n'oubliez pas que croire en « soi » n'est pas croire en son « ego ».

Po a trouvé UN Maître, qui, petit à petit, est devenu SON Maître. Avec Shifu, Po apprend le Kung-fu. C'est une technique de combat bien sûr, mais c'est aussi une philosophie.

Un lien étroit doit s'établir entre le Maître et l'élève. Le Maître consent à un enseignement que l'élève accepte de recevoir. Mais de quel enseignement s'agit-il ? Cela va plus loin que les mots, les phrases, et les concepts. Cet enseignement-là touche au cœur.

Voici deux textes tirés de « Recueil de l'Être ».

Maître (Recueil de l'Être)

Comme tu te sens tout petit, quand tu te compares à ces frères qui ont étudié avec les grands Maîtres. Toi qui voulais donner aux autres ....te voilà tout déboussolé, impressionné. Ne crains pas !

Y a-t-il vraiment des grands Maîtres, et donc des petits ? Il y a des Maîtres, c'est tout ! Il y a des Maîtres connus et d'autres moins connus. Cela n'implique pas une hiérarchie, il n'y a pas de niveau en spiritualité. Un initié l'est, pour transmettre, mais même les plus grands échouent avec certains apprentis.

C'est en cela que l'on peut dire que le Maître fait l'élève, mais que l'élève fait le Maître. L'un et l'autre sont interdépendants.

Car si l'élève a plus de chance d'apprendre avec un Maître réputé pour ses résultats, ce Maître-là, a pu faire avancer certains dans l'esprit et d'autres dans l'intellect.

Pour les premiers il aura été un Maître, pour les suivants il aura été un enseignant. Et quand même l'élève se sera élevé dans la spiritualité, il n'est pas à l'abri des attaques du dragon.

Être un Maître, n'est pas une fonction, mais un état.

C'est ainsi que tu pourras croiser un jour, un être lumineux qui sera ton Maître le temps d'une seconde, le temps d'une question, et un autre jour, quelqu'un, qui t'accompagnera toute ta vie dans ta recherche de la connaissance.

Que l'enseignement dure une seconde ou une vie, qu'il soit prodigué par un Maître connu ou un passant, n'a aucune importance. L'important, c'est ce que tu en fais.

Parfois une étincelle fait basculer une vie. D'autres fois une vie ne suffit pas à intégrer la plus petite des connaissances.

Alors..........

Heureux les jardiniers qui semèrent dans le désert juste avant la pluie !
Malheureux ceux qui plantèrent la graine stérile dans la terre fertile !

Alors..............

Ne crains pas l'ami, tends la main,
Les graines de ce jour germeront demain,
Pour recevoir ou donner, le geste est le même,
Grand ou petit, le Maître est celui qui aime.

Transmettre (Recueil de l'Être)

Tu as tellement appris, lors des enseignements des Maîtres, et aussi lors de tes multiples expériences. Tu entends avec étonnement qu'il te faudra aussi transmettre.
« Transmettre quoi ? Je ne connais pas grand-chose » me diras-tu.

Bien sûr, plus tu avances et plus tu conçois que ce que tu as appris est peu de chose, car, vois-tu la connaissance est comme l'horizon, plus on croit l'atteindre et plus il recule.

Transmettre, c'est accepter une nouvelle méthode pour apprendre.

C'est celle qui consiste à recevoir les questions comme autant de leçons, à donner les réponses à ton propre questionnement, à comprendre, ta propre ignorance dans celle des autres.

Comme il te faudra être méfiant ! Comme il faudra surveiller le dragon (l'ego) qui essaiera de te démontrer une supériorité ou une infériorité inexistante !

Comme il est difficile de résister à la tentation de s'arrêter en chemin, pour contempler le chemin parcouru et tourner le dos à l'horizon, qui est encore si loin !

Comme il est difficile de ne pas douter et de regarder très loin en pensant que l'on est à cent lieues d'être prêt !

Alors, pour ne pas tomber dans le piège, rappelle-toi la bonté, la patience des Maîtres, leur écoute attentive. Cette écoute est une oreille ouverte à ta question, bien sûr, mais aussi à l'appel de ce qui pourrait être ignoré.

C'est un cœur qui entend le message de l'âme, l'âme de l'autre, parfait reflet de la tienne.

Rappelle-toi, les questions qui se veulent réponses, les réponses qui ouvrent tellement de portes qu'on en reste tout éberlué. Pense aux regards amusés et attendris, comme ceux d'un père qui se souviendrait de son enfance.

Attention ! Il ne s'agit tout de même pas, de devenir le double de ces Maîtres. Agir en Maître, ne consiste pas à

devenir une imitation parfaite de ceux qui t'ont montré le chemin.
Il s'agit plutôt, de trouver le Maître en toi. Cela est bien plus difficile ! C'est aussi aimer plus fort que la matière, et ramener l'autre au centre où tout se rassemble.

Alors..........

Agis en Maître,
Et conçois le paraître,
Regarde l'horizon,
Méfie-toi du dragon
Et surtout, aime

Car

Plus fort tu aimeras
Plus loin tu sèmeras.

Table des matières

LA COLLECTION « DE L'ŒIL A L'ÊTRE » 9

INTRODUCTION 13

SYNOPSIS ET FICHE TECHNIQUE 15
Dates de sortie : 16
Dates de sortie DVD : 16
Box-office France : 16
Distribution : 17

LES PERSONNAGES 19
Premier aperçu 19
Les personnages les uns avec les autres 21
Les personnages comparés 26

LES SCÈNES 29

COMPRENDRE 35
La peur 37
L'impatience 38
Il n'y a pas d'accident. 38
L'illusion de contrôle. 39
Croire 40

À L'ÉCOUTE DES AUTRES **43**
Prendre conscience des peurs 47
Un panda gros et gras 49
L'exemple du film : 53
Un autre exemple: 53

CONCLUSION **57**

Maître **59**
Transmettre **61**